MINISTÈRE
DE L'INSTRUCTION PUBLIQUE ET DES BEAUX-ARTS

Direction des Beaux-Arts

RÈGLEMENT

DE

L'ÉCOLE NATIONALE ET SPÉCIALE

DES BEAUX-ARTS

PARIS

IMPRIMERIE A. QUANTIN

7, RUE SAINT-BENOIT, 7

1884

DIRECTION DES BEAUX-ARTS

RÈGLEMENT

DE

L'ÉCOLE NATIONALE ET SPÉCIALE DES BEAUX-ARTS

Le Président du Conseil, ministre de l'instruction publique et des beaux-arts ;

Vu le décret, en date du 30 septembre 1883, portant organisation de l'école nationale et spéciale des beaux-arts ;

Le conseil supérieur d'enseignement institué près l'école nationale des beaux-arts entendu ;

Sur le rapport du directeur des beaux-arts,

Arrête :

Est et demeure approuvé le règlement ci-après, applicable à l'école nationale et spéciale des beaux-arts.

Ce règlement est exécutoire à partir de l'ouverture de l'année scolaire 1883-1884.

TITRE PREMIER

DE L'ÉCOLE.

Art. 1er. — L'école nationale et spéciale des beaux-arts donne l'enseignement des arts du dessin, de la peinture, de la sculpture, de l'architecture, de la gravure en taille-douce, de la gravure en médailles et en pierres fines.

Elle comprend :

1° Des cours oraux se rapportant aux différentes branches de l'art ;

2° L'école proprement dite, où l'on peut, à la suite d'épreuves d'admission, participer à des études pratiques, à des concours, obtenir des récompenses et des titres ;

3° Les ateliers, où l'on peut, à la suite d'épreuves d'admission, participer à des études pratiques, à des concours, obtenir des récompenses ;

4° Des collections ;

5° Une bibliothèque.

L'enseignement de l'école est gratuit.

TITRE II

DE L'INSCRIPTION A L'ÉCOLE.

Art. 2. — Les jeunes gens qui veulent profiter de l'enseignement de l'école doivent préalablement se faire inscrire au secrétariat de l'école, justifier de leur âge et de leur qualité, et, de plus, s'ils sont étrangers, se présenter avec une lettre d'introduction de l'ambassadeur, du ministre ou du consul général de leur nation.

Tous doivent être munis d'une pièce attestant qu'ils sont capables de subir les épreuves d'admission.

Art. 3. — Nul ne peut obtenir son inscription s'il a moins de quinze ans et plus de trente ans révolus, dernière limite d'âge des études à l'école.

Art. 4. — Une inscription spéciale pour chaque concours est obligatoire dans les huit jours qui le précèdent, sauf dans les cas indiqués par l'administration.

Art. 5. — Sont élèves de l'école et jouissent des avantages attachés à cette qualité les jeunes gens qui ont été admis à l'école proprement dite.

TITRE III

DE L'ENSEIGNEMENT.

Art. 6. — L'enseignement de l'école comprend :
1° Les cours oraux ;
2° Les exercices, examens et concours de l'école proprement dite ;
3° Les exercices et les concours des ateliers.

CHAPITRE Ier.

Des cours.

Art. 7. — Les cours professés à l'école sont :
1° L'histoire générale ;
2° L'anatomie ; ·
3° La perspective, à l'usage des peintres et des architectes ;
4° Les mathématiques et la mécanique ;
5° La géométrie descriptive ;
6° La physique et la chimie ;
7° La stéréotomie et le lever de plans ;
8° La construction ;
9° La législation du bâtiment ;
10° L'histoire de l'architecture ;
11° La théorie de l'architecture ;
12° Le dessin ornemental ;
13° La composition décorative ;
14° La littérature ;
15° L'histoire et l'archéologie ;
16° L'histoire de l'art et l'esthétique.

Le programme de ces cours est déterminé par le conseil supérieur et approuvé par le ministre.

Art. 8. — Ces cours ont lieu aux jours et heures fixés par l'administration, au commencement de chaque année scolaire.

Art. 9. — Ils sont suivis par les élèves de l'école proprement dite, par les élèves des ateliers et par toute personne qui, en ayant fait la demande à l'administration, aura obtenu une carte spéciale d'admission.

Art. 10. — Chaque année, des prix spéciaux, dont le nombre pourra être porté jusqu'à trois pour chacun des cours d'histoire générale, de littérature, de chimie, de législation du bâtiment, seront décernés, à la suite d'épreuves fixées par les professeurs, aux élèves qui auront montré le plus d'aptitude pendant la durée des cours.

CHAPITRE II.

Du jugement des concours.

Art. 11. — Le jury de chacune des sections de peinture, de sculpture, d'architecture, et les jurys de gravure en taille-douce, de gravure en médailles et en pierres fines, institués par le décret organique de l'école, prononcent sur les épreuves et concours, chacun exclusivement pour leur art.

En ce qui concerne les jurys mixtes ou spéciaux, le présent règlement fera connaître pour quel ordre de concours et de quelle manière ces jurys seront composés.

Le directeur est président des jurys,

Les jurys de peinture, de sculpture, d'architecture, de gravure, élisent chacun un vice-président pour la durée de l'année scolaire ; les jurys mixtes élisent également un vice-président lorsqu'ils se réunissent.

L'inspecteur est secrétaire des jurys ; à ce titre, il est chargé de la rédaction des procès-verbaux des séances.

Les jugements des concours sont précédés et suivis d'une exposition des ouvrages.

CHAPITRE III.

De l'école proprement dite.

Art. 12. — L'école proprement dite est divisée en trois sections : la section de peinture, la section de sculpture et la section d'architecture. A la section de peinture se rattache la gravure en taille-douce ; à la section de sculpture la gravure en médailles et en pierres fines.

Art. 13. — Nul ne peut être admis à l'école proprement dite qu'après avoir satisfait aux épreuves fixées par les articles 14 et suivants pour la peinture et la sculpture, et par les articles 36 et suivants pour l'architecture.

Première et deuxième sections. — Peinture et Sculpture.

Épreuves d'admission.

Art. 14. — Chaque année, en mars et en juillet, il y a une session d'examens d'admission à l'école proprement dite pour.les candidats aux sections de peinture et de sculpture inscrits dans les conditions prescrites par les articles 2 et suivants.

Les épreuves comprennent :

Pour la section de peinture :

1° Un dessin d'anatomie (ostéologie) exécuté en loge en deux heures ;

2° Une épure de perspective exécutée en loge en quatre heures ;

3° Un examen sur les notions générales de l'histoire, écrit ou oral, au choix du candidat.

(Ces épreuves préalables, qui sont éliminatoires, sont jugées par les professeurs spéciaux.)

4° Une figure dessinée d'après la nature à l'une des sessions, d'après l'antique à l'autre session, et exécutée en douze heures.

5° Un fragment de figure modelé d'après l'antique et exécuté en neuf heures ;

6° Une étude élémentaire d'architecture exécutée en loge en six heures.

Pour la section de sculpture :

1° Un dessin d'anatomie (ostéologie) exécuté en loge en deux heures ;

2° Un examen sur les notions générales de l'histoire, écrit ou oral, au choix du candidat ;

(Ces épreuves préalables, qui sont éliminatoires, sont jugées par les professeurs spéciaux.)

3° Une figure modelée en bas-relief d'après la nature à l'une des sessions, d'après l'antique à l'autre session, et exécutée en douze heures ;

4° Un fragment de figure dessiné d'après l'antique et exécuté en neuf heures ;

5° Une étude élémentaire d'architecture exécutée en loge en six heures.

Les trois dernières épreuves imposées aux candidats sont jugées par le jury de leur section, auquel sont adjoints six membres tirés au sort dans chacun des jurys des deux autres sections jugeant exclusivement pour leur art, d'après un maximum 20.

Les notes obtenues sont multipliées par un coefficient, qui est 6 pour la figure dessinée ou modelée d'après la nature, 2 pour le fragment de figure modelé ou dessiné d'après l'antique et 1 pour l'étude d'architecture.

Les élèves qui ont obtenu soit une médaille, soit une mention dans les concours correspondants à l'une des épreuves éliminatoires, sont, par cela même, dispensés de cette épreuve.

Art. 15. — Les jeunes gens admis par le jury sont élèves de l'école proprement dite jusqu'à la session d'examens suivante.

A cette époque, pour continuer à faire partie de l'école proprement dite, ils devront de nouveau subir avec succès les épreuves d'admission.

Art. 16. — Sont et demeurent dispensés des épreuves indiquées à l'article 14 et, par conséquent, restent inscrits sur les listes de l'école proprement dite, les élèves qui, ayant été admis au concours définitif du grand prix, ont exécuté le concours ; ceux qui ont remporté une médaille dans les concours semestriels, dans les concours de dessin et de sculpture, et les élèves qui ont obtenu le titre de premier dans l'un des précédents concours d'admission.

ORDRE DES ÉTUDES ET CONCOURS D'ÉMULATION.

Art. 17. — Tous les jours deux salles, l'une pour le dessin, l'autre pour la sculpture, sont ouvertes aux élèves de l'école proprement dite.

Les études consistent :

Pour la section de peinture, en figures dessinées alternativement d'après la nature et d'après l'antique ;
Pour la section de sculpture, en figures modelées alternativement d'après la nature et d'après l'antique.

Ces figures s'exécutent en douze heures.

Art. 18. — Il y a chaque trimestre, entre les élèves d'une même section de l'école proprement dite, un concours de figures d'après la nature et d'après l'antique alternativement.

Dans ces concours, les dimensions des figures dessinées ne doivent pas excéder celles du papier Ingres ordinaire, soit 63 centimètres sur 48 centimètres.

Les dimensions de la figure modelée ne doivent pas excéder 67 centimètres de hauteur, non compris la plinthe.

Des récompenses peuvent être accordées à la suite de ces concours.

Elles consistent en une seconde et deux troisièmes médailles au plus, et des mentions.

Art. 19. — Il est institué, chaque trimestre, entre les élèves d'une même section de l'école proprement dite, un concours de composition.

Le premier et le troisième concours comprennent une seule épreuve.

Cette épreuve consiste :

Pour les élèves de la section de peinture, dans l'exécution d'une esquisse peinte;

Pour les élèves de la section de sculpture, dans l'exécution d'une esquisse modelée alternativement en bas-relief et en ronde bosse.

L'esquisse peinte est exécutée sur une toile de six, c'est-à-dire mesurant 40 centimètres sur 32.

L'esquisse modelée en bas-relief mesure, dans l'œuvre des fonds, 33 centimètres sur 41.

L'esquisse en ronde bosse, 34 centimètres de proportion, la plinthe non comprise.

Ces esquisses sont exécutées en loge en douze heures.

Pour prendre part à ces concours, les élèves de la section de peinture doivent avoir obtenu une mention de perspective.

Le deuxième et le quatrième concours comprennent deux épreuves.

La première épreuve consiste :

Pour les élèves de la section de peinture, dans l'exécution d'une esquisse dessinée;

Pour les élèves de la section de sculpture, dans l'exécution d'une esquisse modelée alternativement en bas-relief et en ronde bosse.

L'esquisse dessinée mesure 23 centimètres sur 19.

L'esquisse modelée en bas-relief mesure, dans l'œuvre des fonds, 33 centimètres sur 41; l'esquisse modelée en ronde bosse, 34 centimètres de proportion, la plinthe non comprise.

Ces esquisses sont exécutées en loge en douze heures.

Les concurrents emportent un calque ou un croquis de leur esquisse, qui est estampillée et conservée par l'administration.

La deuxième épreuve consiste dans l'exécution de cette même esquisse, soit peinte, soit modelée, dont le rendu a lieu dans le délai d'un mois.

L'esquisse peinte est exécutée sur une toile de huit, c'est-à-dire mesurant 46 centimètres sur 38.

L'esquisse modelée en bas-relief mesure 37 centimètres sur 46, et l'esquisse modelée en ronde bosse 38 centimètres de proportion, la plinthe non comprise.

Les rendus doivent être conformes aux esquisses et aux dimensions ci-dessus indiquées.

A chacun de ces concours peuvent être affectées, pour chaque section, une deuxième médaille et deux troisièmes médailles au plus et des mentions.

Art. 20. — La liste d'appel pour les études et les concours est formée de la manière suivante :

1° Les élèves qui, ayant été admis au concours définitif du grand prix, ont exécuté le concours ;

2° Les élèves qui ont obtenu une première médaille dans les concours semestriels ;

3° Les élèves qui ont obtenu une médaille dans les concours de figure ou de composition indiqués aux articles 18 et 19, d'après l'ordre et la date de leurs récompenses ;

4° Les élèves reçus avec le titre de premier ;

5° Les élèves qui ont obtenu une médaille dans les concours d'études simultanées de dessin, de modelage et d'architecture élémentaire ;

6° Les élèves qui ont obtenu une médaille dans les concours spéciaux, pourvu qu'ils soient reçus aux places ;

7° Les élèves, d'après leur numéro de réception.

Études simultanées de dessin, de modelage et d'architecture élémentaire.

Art. 21. — Tous les jours, des salles sont ouvertes aux élèves des sections de peinture et de sculpture de l'école proprement dite, et des ateliers, pour étudier les éléments des arts des autres sections.

Les études consistent :

Pour les peintres :

En figures modelées alternativement d'après la nature et d'après l'antique.

Pour les sculpteurs :

En figures dessinées alternativement d'après la nature et d'après l'antique.

Pour les peintres et les sculpteurs :

En exercices élémentaires d'architecture.

Chacune de ces études embrasse douze heures de travail. Les travaux des élèves peuvent être conservés, sur l'avis du professeur, pour être présentés au jury et concourir à l'obtention de la mention des trois arts.

Art. 22. — Il est institué, chaque année, entre les élèves des sections de peinture et de sculpture, deux concours, comprenant :

1° Une figure dessinée ;

2° Une figure modelée ;

3° Une composition élémentaire d'architecture, exécutée en loge.

Chacune de ces études embrasse douze heures de travail.

Nota. — La figure dessinée et la figure modelée s'exécutent alternativement d'après la nature et d'après l'antique.

Art. 23. — Ces concours sont jugés par un jury composé des professeurs spéciaux et de dix peintres, dix sculpteurs et dix architectes tirés au sort dans les jurys en exercice.

Il peut être décerné dans chaque section une seconde médaille, deux troisièmes médailles au plus et des mentions.

Ces récompenses peuvent être cumulées.

Les deuxièmes médailles sont d'une valeur de 200 francs.

Les premières troisièmes médailles, 150 francs.

Les deuxièmes troisièmes médailles, 100 francs.

Art. 24. — La liste d'appel pour ces études et concours est formée de la manière suivante :

1° Les élèves récompensés dans les études simultanées, d'après l'ordre et la date de leurs récompenses ;

2° Les autres élèves, dans l'ordre spécifié à l'article 20.

Concours publics spéciaux.

Art. 25. — Ces concours sont ouverts aux élèves de l'école proprement dite, aux élèves des ateliers de l'école et aux élèves du dehors qui se trouvent dans les conditions d'âge indiquées par l'article 3, inscrits conformément aux dispositions des articles 2 et suivants.

Art. 26. — Chaque semestre, il y a pour les peintres et les sculpteurs un concours d'anatomie sur un sujet indiqué par le professeur.

Le jugement est rendu par un jury composé du professeur et de dix membres tirés au sort par moitié, dans les jurys de peinture et de sculpture en exercice.

Le jury peut accorder dans chaque section deux troisièmes médailles au plus et des mentions.

Art. 27. — Chaque semestre, il y a pour les peintres et les sculpteurs un concours de perspective sur un sujet indiqué par le professeur.

Le jugement est rendu, sur le vu des dessins et sur le rapport du professeur, par un jury composé du professeur et de dix membres tirés au sort dans le jury de peinture en exercice.

Le jury peut accorder dans chaque section deux troisièmes médailles au plus et des mentions.

Art. 28. — Chaque année, il y a pour les peintres et les sculpteurs un concours simultané d'esquisse dessinée et de bas-relief, sur un sujet indiqué par le professeur et se rapportant aux matières traitées dans le cours d'histoire et d'archéologie.

Le jugement est rendu par un jury composé du professeur et de dix membres tirés au sort, par moitié, dans les jurys de peinture et de sculpture en exercice.

Le jury peut accorder dans chaque section une seconde et une troisième médaille, ou deux troisièmes médailles et des mentions.

Art. 29. — Chaque année, au commencement de l'année scolaire, il y a un examen d'histoire et d'archéologie donnant lieu à des mentions.

Le cours embrassant trois années, les élèves qui ont obtenu trois mentions répondant aux trois années du cours sont exemptés de tout examen.

A la fin de cette période, des troisièmes médailles sont décernées aux élèves qui se sont distingués dans les trois examens.

Le jugement est rendu par un jury composé du professeur, remplissant les fonctions d'examinateur, et de dix jurés tirés au sort, par moitié, dans les jurys de peinture et de sculpture en exercice.

Concours semestriels dits de grande médaille.

Art. 30. — Dans le courant du mois d'octobre, il est ouvert en peinture et en sculpture un concours entre les élèves de

l'école et les élèves du dehors, pourvu que ces derniers se trouvent dans les conditions d'âge indiquées par l'article 3.

Ce concours se compose de deux épreuves : la première consiste en une esquisse peinte ou modelée en bas-relief, dont le
sujet est donné par le conseil supérieur ; la seconde en une figure
peinte ou modelée d'après la nature.

Les élèves classés les dix premiers à l'épreuve de l'esquisse
sont seuls admis à prendre part à la seconde épreuve.

Pour être admis au concours semestriel d'octobre, les élèves
doivent avoir acquis :

Les peintres, une mention de perspective, une mention d'anatomie et une mention d'histoire et d'archéologie ;

Les sculpteurs, une mention d'anatomie et une mention d'histoire et d'archéologie.

La mention d'histoire et d'archéologie doit répondre à celle
des trois divisions du cours qui a été professé dans l'année.

Sont admis de droit au concours semestriel d'octobre :

1º Les élèves ayant obtenu une récompense dans les concours
du grand prix de Rome, et ceux qui, ayant été admis au concours
définitif pour ce prix, ont exécuté le concours ;

2º Les élèves qui ont obtenu une première médaille dans les
précédents concours semestriels ou deux secondes médailles,
l'une d'après la nature, l'autre d'après l'antique.

Le concours semestriel d'octobre peut donner lieu, dans chacune des deux sections, à trois prix de 150 francs ; une première
médaille est affectée au premier de ces trois prix.

L'esquisse peinte est exécutée sur une toile de six, c'est-à-dire
ayant 0^m,40 sur 0^m,32.

L'esquisse modelée en bas-relief mesure, dans l'œuvre des
fonds, 0^m,33 sur 0^m,41.

La figure peinte est exécutée sur une toile de 25, c'est-à-dire
ayant 81 centimètres sur 65.

La figure modelée mesure, dans l'œuvre des fonds, 82 centimètres sur 55.

Les concours de figure embrassent quatre jours de travail, à
raison de sept heures par jour, non compris le repos du modèle.

Art. 31. — Dans le courant du mois d'avril, il est ouvert un
concours semblable à celui qui vient d'être indiqué à l'article

précédent, mais les concurrents ne sont pas astreints, quant aux mentions, aux exigences déterminées par l'article 30.

La récompense attachée à ce concours consiste, pour chacune des deux sections, en une première médaille. Il pourra être accordé deux mentions au plus.

Art. 32. — Les concours semestriels institués par les articles 30 et 31 sont annoncés par le directeur de l'école huit jours avant leur ouverture.

Grande médaille d'émulation.

Art. 33. — Il est accordé, en peinture et en sculpture, à l'élève qui a remporté le plus de valeurs de récompense à la suite des différentes épreuves de l'année scolaire, un prix, qui prend le nom de grande médaille d'émulation.

L'estimation des valeurs se fait d'après le tableau inscrit au titre V du présent règlement. Toutefois, les récompenses obtenues dans les concours des trois arts et de composition décorative ne comptent que pour un tiers de leur valeur.

La grande médaille d'émulation peut être cumulée.

Titres délivrés par l'école. — Certificat d'études à l'école.

Art. 34. — Peuvent seuls demander le certificat d'études de l'école les élèves qui, après y avoir été admis, ont obtenu :

Soit l'admission en loge pour le prix de Rome, pourvu que le concours ait été exécuté ; soit le prix du torse ou le prix de la tête d'expression ; soit le prix de peinture décorative, dit prix *Jauvin d'Attainville ;* soit une médaille dans les concours d'après nature ou d'après l'antique ; soit le titre de premier dans l'un des concours d'admission, pourvu qu'ils aient de plus : les peintres, une mention en perspective, une mention en anatomie et les trois mentions en histoire et archéologie ; les sculpteurs, une mention en anatomie et les trois mentions en histoire et archéologie.

Troisième section. — Architecture.

Art. 35. — La section d'architecture se divise en seconde et en première classe.

Le nombre des élèves dans chaque classe n'est pas limité.

Épreuves d'admission.

Art. 36. — Les concours d'admission en seconde classe ont lieu deux fois par an, au mois de mars et au mois de juillet.

Les candidats doivent avoir satisfait aux conditions d'inscription prescrites par les articles 2 et suivants pour subir les épreuves d'admission.

Art. 37. — Les listes d'appel sont formées d'après l'ordre d'inscription des candidats.

Tout candidat qui ne répond pas à l'appel de son nom est considéré comme renonçant au concours.

Art. 38. — Les candidats subissent d'abord une épreuve qui comprend :

1° Le dessin d'une tête ou d'un ornement d'après un plâtre, exécuté en huit heures ;

2° Le modelage d'un ornement en bas-relief d'après un plâtre, exécuté en huit heures ;

3° Une composition d'architecture exécutée en loge, en une seule séance de douze heures, à compter de la dictée du programme.

Art. 39. — Ces trois épreuves éliminatoires sont jugées par une commission composée du professeur de théorie de l'architecture, des professeurs des cours de dessin et de modelage, chargés, chacun en ce qui le concerne, de faire choix du programme et des modèles, et de dix architectes, dix peintres, dix sculpteurs, tirés au sort parmi les membres des jurys en exercice jugeant exclusivement pour leur art, d'après un même maximum, 20.

Les candidats admis à la suite de ce jugement sont seuls autorisés à subir les autres épreuves.

Les élèves qui, ayant subi l'examen complet d'admission, auront été déclarés admissibles pour ces trois épreuves éliminatoires, seront dispensés de les subir lorsqu'ils se présenteront à un nouvel examen.

Art. 40. — La seconde partie du concours d'admission consiste :

1° En exercices de calculs faits en loge ;

2° En un examen d'arithmétique, d'algèbre et de géométrie ;

3° En un examen de géométrie descriptive ;

4° En une épreuve d'histoire.

Cette épreuve consiste en un examen oral et en une compo
sition écrite sur les notions générales de l'histoire. Dans le jugement de cette composition on tiendra compte des qualités de
rédaction.

Toutes ces épreuves ont lieu conformément aux programmes
publiés par l'administration de l'École des beaux-arts.

Art. 41. — L'ordre dans lequel les candidats subissent leur
examen est déterminé par le sort.

Art. 42.—Tout candidat qui renonce à une seule des épreuves
est considéré comme se retirant du concours.

Art. 43. —. Un second jugement préparatoire et éliminatoire
est porté sur les épreuves scientifiques par les professeurs de
l'enseignement scientifique et par l'examinateur de l'école.

A la suite de ce jugement, le classement des élèves admis est
fait par l'administration, en multipliant chaque note obtenue
par un coefficient, qui est 12 pour la composition d'architecture,
2 pour la tête dessinée, 2 pour l'ornement modelé, 5 pour les
mathématiques, 5 pour la géométrie descriptive, 1 pour l'histoire.

La liste des candidats admis est soumise à l'approbation du
ministre.

Art. 44. — Les candidats nouvellement admis prennent place
à la suite des élèves déjà inscrits en seconde classe, d'après leur
rang d'admission.

SECONDE CLASSE.

Art. 45. — Les listes d'appel sont dressées, pour les élèves déjà
reçus en seconde classe, d'après le nombre de valeurs qu'ils ont
obtenues dans les concours affectés à cette classe, et, pour les
élèves nouvellement admis, dans l'ordre indiqué à l'article précédent.

Exercices affectés à la seconde classe.

Art. 46. — Les exercices auxquels les élèves de seconde classe
sont appelés à prendre part sont :

1° Les concours d'architecture, divisés en exercices analytiques d'architecture et concours de composition proprement
dite ;

2° Les concours sur les matières de l'enseignement scientifique ;

3° Les exercices de dessin ornemental ;

4° Les exercices de dessin de figure et de modelage d'ornement.

Concours d'architecture.

Art. 47. — Ces concours consistent chaque année en :

1° Six concours sur éléments analytiques ou études de composition à grande échelle sur sujets fragmentaires.

Les programmes en sont donnés aux élèves après ceux des compositions à rendre.

2° Six concours de composition proprement dits sur projets rendus.

3° Six concours de composition sur esquisses.

Les esquisses de ces divers concours se font en loge et chacune en une seule séance de douze heures.

Avant d'être admis aux concours de composition les élèves devront avoir obtenu deux mentions dans les concours d'éléments analytiques.

On ne peut exécuter simultanément un concours de composition sur projet rendu et un concours d'éléments analytiques.

Art. 48. — Il y a chaque année pour les élèves de la seconde classe deux exercices se rapportant au cours d'histoire de l'architecture.

Ces exercices, dirigés par le professeur d'histoire de l'architecture, consistent en études de fragments d'architecture de différentes époques.

Les travaux qui y sont exécutés peuvent être conservés, sur l'avis du professeur, en vue de l'obtention de la mention nécessaire au passage à la première classe.

Ils sont soumis à l'appréciation d'un jury composé du professeur spécial et du jury d'architecture.

Concours sur les matières de l'enseignement scientifique.

Art. 49. — Ces concours consistent :

1° Pour les mathématiques et la mécanique :

En un examen sur les matières du cours et en des épreuves faites en loge.

2° Pour la géométrie descriptive :

En un certain nombres d'épures, dont une au moins faite en

loge, et un examen sur les épures et sur les matières du cours.

Ces examens ont lieu deux fois par an.

3° Pour la stéréotomie et le lever de plans :

En un certain nombre d'épures et en un examen sur ces épures et sur les matières du cours.

4° Pour la perspective :

En un certain nombre de croquis et de dessins d'après nature, en des épures dont une au moins doit être faite en loge, et en un examen sur ces exercices et sur les matières du cours.

Chacun de ces concours est jugé, sur le vu des croquis et des épures, pour la géométrie descriptive, la stéréotomie et la perspective, et sur les rapports des professeurs spéciaux, par un jury mixte composé, en nombre égal, de professeurs de sciences et de membres tirés au sort dans le jury d'architecture en exercice.

Nul ne peut prendre part au concours de stéréotomie et de perspective avant d'avoir obtenu une mention en géométrie descriptive.

5° Pour la construction :

En des exercices en loge, pendant la durée du cours ; en des exercices spéciaux dans les ateliers, et en un concours de construction générale, qui dure trois mois et qui est suivi d'un examen oral.

Le jugement est rendu, sur le vu des dessins et sur le rapport du professeur de construction, par le jury d'architecture en exercice, auquel s'adjoignent les professeurs de géométrie descriptive et de stéréotomie.

Nul ne peut prendre part aux exercices et au concours de construction avant d'avoir obtenu une mention en mathématiques, une mention en géométrie descriptive et une mention en stéréotomie.

Les élèves déclarés révisibles à la suite des jugements de stéréotomie, de perspective et de construction, sont admis à subir un nouvel examen au commencement de l'année scolaire.

Études simultanées de dessin et de modelage.

Art. 50. — Outre les études et concours ci-dessus indiqués, les élèves de la seconde classe participent à des exercices de dessin et de modelage.

Ils consistent :

1° En dessin d'ornement ;
2° En dessin de figure, d'après le plâtre ;
3° En modelage d'ornement en bas-relief, d'après le plâtre. Chacun de ces exercices, qui seront en nombre égal, autant que les besoins du service le permettront, est dirigé par le professeur spécial de dessin d'ornement, de dessin de figure ou de sculpture.

Les travaux, dont les dimensions sont déterminées par le professeur, s'exécutent en douze heures. Ils peuvent être conservés, sur l'avis du professeur, en vue de l'obtention de la mention nécessaire au passage en première classe, et sont soumis à l'appréciation du jury, composé du professeur spécial et de dix peintres ou dix sculpteurs et architectes tirés au sort dans les jurys en exercice.

La liste d'appel est formée suivant l'ordre des valeurs obtenues dans la seconde classe.

Récompenses accordées en seconde classe.

Art. 51. — Sont affectées comme récompenses en seconde classe :

1° Dans les concours d'éléments analytiques, des secondes mentions;
2° Dans les concours de composition d'architecture sur projets rendus, des premières et des secondes mentions ;
3° Dans les concours de composition d'architecture sur esquisses, des secondes mentions ;
4° En mathématiques, en géométrie descriptive, en stéréotomie et en perspective, des médailles spéciales (troisièmes médailles) et des premières mentions;
5° En construction, des premières, des deuxièmes et des troisièmes médailles et des mentions ;
6° En dessin d'ornement, en dessin de figure, en ornement

modelé et en études d'histoire de l'architecture, des troisièmes médailles et des mentions.

Toutes ces récompenses peuvent être cumulées.

Art. 52. — Tout élève qui, dans le courant de l'année scolaire, n'a pas rendu deux projets au moins ou pris part à deux concours d'éléments analytiques, ou passé deux examens, ou rendu un projet et passé un examen, ou fait le concours de construction, est considéré comme démissionnaire et ne peut de nouveau faire partie de l'école qu'en subissant les épreuves d'admission, à moins qu'il n'en soit dispensé par décision du conseil supérieur.

Dans le cas d'une nouvelle admission, les degrés antérieurement acquis à l'élève lui sont conservés.

Sont exemptés définitivement de cette obligation les élèves de la seconde classe qui, ayant été admis au concours définitif du prix de Rome, ont exécuté le concours.

Conditions d'admission à la première classe d'architecture.

Art. 53. — Pour passer de la seconde à la première classe les élèves doivent avoir obtenu :

1° En architecture, six valeurs, dont deux au moins sur éléments analytiques et deux sur projets rendus ;

2° En mathématiques, en géométrie descriptive, en stéréotomie, en construction, en perspective, une médaille ou une mention;

3° Une médaille ou une mention de dessin d'ornement, de figure dessinée, d'ornement modelé, d'études d'histoire de l'architecture.

PREMIÈRE CLASSE.

Concours et exercices affectés à la première classe.

Art. 54. — Les concours ouverts aux élèves de la première classe sont :

1° Des concours d'architecture ;

2° Un concours d'ornement et d'ajustement;

3° Des concours se rapportant au cours d'histoire de l'architecture ;

4° Des concours de dessin de figure ;

5° Des concours d'ornement modelé.

Art. 55. — Les concours d'architecture consistent, chaque année, en :

1° Six concours sur projets rendus;
2° Six concours sur esquisses.

Toutes les esquisses se font en loge, et chacune d'elles est exécutée en une seule séance de douze heures.

Art. 56. — Il y a chaque année :

1° Un concours d'ornement et d'ajustement, donnant lieu aux prix Rougevin ci-dessous mentionnés.

Ce concours se fait en loge et dure sept jours.

2° Deux concours se rapportant au cours d'histoire de l'architecture.

Ils consistent en compositions reproduisant un style d'architecture déterminé.

Le programme en est donné par le professeur d'histoire de l'architecture.

Chacun de ces concours, dont l'esquisse seule se fait en loge, dure dix jours.

Études simultanées de dessin et de modelage.

Art. 57. — Outre les concours ci-dessus indiqués, les élèves de la première classe participent à des exercices de dessin et de modelage qui consistent :

1° En dessin de figure, d'après la nature ou d'après le plâtre;
2° En modelage d'ornements, d'après le plâtre.

Chacun de ces exercices, qui seront en nombre égal autant que les besoins du service le permettront, est dirigé par le professeur spécial de dessin ou de sculpture.

Les travaux, dont les dimensions sont déterminées par le professeur, s'exécutent en douze heures.

Art. 58. — Il y a, chaque année, deux concours de dessin de figure et deux concours d'ornement modelé.

Chaque concours comprend douze heures de travail.

Il est jugé par un jury composé du professeur spécial et de dix peintres ou dix sculpteurs, et dix architectes, tirés au sort dans les jurys en exercice.

Récompenses accordées en première classe.

Art. 59. — Sont affectées comme récompenses en première classe :

1° Dans les concours d'architecture sur projets rendus, des premières médailles, des deuxièmes médailles et des premières mentions ;

2° Dans les concours d'architecture sur esquisses, des deuxièmes médailles, et des premières et deuxièmes mentions ;

3° Dans le concours d'ornement et d'ajustement, dans les concours d'histoire de l'architecture, des premières médailles, des deuxièmes médailles et des premières mentions.

. 4° Dans le concours de dessin de figure et d'ornement modelé, des premières médailles, des deuxièmes médailles et des premières mentions.

Toutes récompenses peuvent être cumulées.

Art. 60. — Tout élève de première classe qui n'a pas rendu au moins un projet et pris part à l'un des concours spécifiés aux articles 55 et 56, dans le courant de l'année scolaire, est considéré comme renonçant à continuer ses études à l'école, sauf décision du conseil supérieur.

Sont exemptés de cette obligation les élèves de première classe admis au concours définitif du grand prix de Rome et ayant exécuté le concours, et ceux qui ont obtenu, soit le diplôme d'architecte, soit la grande médaille d'émulation, soit le prix Abel Blouet.

Grande médaille d'émulation.

Art. 61. — Il est affecté à l'élève qui a remporté en première classe le plus de valeurs de récompenses dans les divers concours de l'année scolaire un prix, qui prend le nom de grande médaille d'émulation.

La somme des valeurs s'établit d'après le tableau dressé au titre V ; toutefois, les récompenses obtenues dans les concours de dessin d'ornement, de dessin de figure, d'ornement modelé et de composition décorative ne comptent que pour un tiers de leur valeur.

La grande médaille d'émulation peut être cumulée.

Diplôme d'architecte.

Art. 62. — Les épreuves à la suite desquelles le diplôme peut être accordé ont lieu, chaque année, à l'école des beaux-arts.

Art. 63. — Pour être admis à ces épreuves, il faut avoir obtenu au moins neuf valeurs en première classe dans les concours d'architecture, d'ornement et d'ajustement ou du prix de Rome, ainsi qu'une valeur dans les concours d'histoire de l'architecture.

Art. 64. — Le programme est donné par le conseil supérieur.

Art. 65. — Le sujet proposé aux candidats consiste en un projet d'architecture conçu et développé comme s'il devait être exécuté.

Les épreuves se divisent en deux parties successives, l'une graphique et l'autre orale.

La partie graphique se compose de plans, élévations et coupes ; elle embrasse les détails de la construction ; elle est complétée par un mémoire descriptif et un devis estimatif d'une partie de la construction.

La partie orale consiste en un examen sur les différentes parties du projet lui-même ; sur les parties théorique et pratique de la construction, telles que qualités et défauts des matériaux, leur résistance, les moyens employés pour leur mise en œuvre ; sur l'histoire de l'architecture ; sur les éléments de physique et de chimie appliqués à la construction, et enfin sur les notions essentielles de législation du bâtiment et de comptabilité.

Art. 66. — Les épreuves sont jugées par une commission spéciale composée de la manière suivante :

Le directeur de l'école, président, assisté du secrétaire de l'école ;

Le secrétaire du conseil supérieur de l'école, secrétaire ;

Les membres de la section d'architecture de l'Académie des beaux-arts ;

Les professeurs d'architecture de l'école, savoir : —

Les trois professeurs chefs d'ateliers, trois professeurs d'ateliers extérieurs, désignés par le conseil ; le professeur de construction, le professeur d'histoire de l'architecture, le professeur de théorie de l'architecture, le professeur de physique et de chimie, et le professeur de la législation du bâtiment, deux membres du conseil supérieur de l'école, désignés par le conseil supérieur ; un inspecteur général des monuments historiques, un inspecteur général des édifices diocésains, un inspecteur général des bâtiments civils, désignés par le ministre.

Cette commission se réunit à l'école sur la convocation du directeur.

La commission élit un vice-président.

ÉTUDE SIMULTANÉE DES TROIS ARTS.

Concours d'émulation communs aux peintres, sculpteurs et architectes.

Art. 67. — Chaque année, il est ouvert entre les élèves de l'école proprement dite et des ateliers deux concours qui seront l'application des études simultanées des trois arts.

Peuvent seuls prendre part à ces concours les élèves qui ont obtenu, dans les sections de peinture et de sculpture, au moins une mention d'étude des trois arts ; dans la section d'architecture, au moins une mention de dessin de figure et une mention d'ornement modelé.

Ces concours consisteront en des compositions décoratives dont le programme sera donné par le conseil supérieur.

L'esquisse est faite en loge en douze heures ; le rendu aura lieu dans le délai d'un mois.

Ces concours sont jugés par un jury composé des professeurs d'études simultanées et de dix peintres, dix sculpteurs et dix architectes, tirés au sort dans les jurys en exercice.

Il peut être décerné dans chaque section une première médaille, deux deuxièmes médailles au plus et des mentions.

Ces récompenses peuvent être cumulées.

Aux premières médailles sont joints des prix de..........	300 fr.
Aux premières deuxièmes médailles des prix de..........	250 —
Aux secondes deuxièmes médailles des prix de..........	200 —

Des ateliers de l'école.

Art. 68. — L'école des beaux-arts comprend :

Trois ateliers de peinture ;
Trois ateliers de sculpture ;
Trois ateliers d'architecture ;
Un atelier de gravure en taille-douce ;
Un atelier de gravure en médailles et en pierres fines.

Art. 69. — Les ateliers sont ouverts aux élèves de l'école

proprement dite qui choisissent, suivant l'ordre et la date de leurs récompenses, puis de leur rang sur la liste d'admission, celui des ateliers de leur section dans lequel ils désirent étudier.

Le nombre des élèves à admettre dans chaque atelier est déterminé par l'administration, d'accord avec le professeur chef d'atelier.

Art. 70. — Les candidats à l'école proprement dite pour la section d'architecture, qui auront subi avec succès les épreuves éliminatoires, pourront aussi être admis aux ateliers d'après leur rang de classement dans les épreuves d'admission, mais seulement à défaut des élèves indiqués à l'article précédent, et jusqu'à la session d'examens suivante.

Art. 71. — L'inscription des élèves dans les ateliers doit être renouvelée au commencement de chaque année scolaire. L'inscription se fait soit directement, soit par lettre. Si, dans le premier mois, un élève ne s'est pas fait réinscrire, il est considéré comme démissionnaire.

Le professeur peut toujours désigner au directeur les élèves qu'il a des motifs d'exclure de son atelier.

Leur radiation est prononcée par le directeur, qui la notifie aux élèves. Ces élèves peuvent être admis dans un autre atelier, avec l'agrément du professeur de cet atelier, celui du professeur de l'atelier qu'ils quittent et avec l'assentiment du directeur.

Sous les conditions édictées à l'article 69, tout élève a la faculté de changer d'atelier.

Art. 72. — L'admission aux ateliers est définitive ; mais, une fois inscrit dans un atelier, l'élève doit y être assidu.

Les cas d'absence doivent toujours être justifiés de la part de l'élève auprès de son professeur.

Tout élève qui dans l'espace de deux années n'aura pas obtenu pour son art une récompense dans les concours de l'école ou dans les concours du prix de Rome ne fera plus partie de l'atelier, à moins de décision contraire du conseil supérieur.

Art. 73. — Les professeurs chefs d'atelier sont autorisés à faire connaître au directeur, qui les signale au ministre, ceux de leurs élèves qu'il juge dignes d'être soutenus dans leurs études.

Art. 74. — Tous les jours, les ateliers de l'école sont ouverts aux élèves mentionnés aux articles 69 et suivants.

Les études comprennent :

Pour les peintres :

1° Des exercices de dessin et de peinture d'après la nature et d'après l'antique ;

2° Des exercices de composition ;

3° Des exercices de composition décorative.

Pour les sculpteurs :

1° Des exercices de modelage d'après la nature et d'après l'antique, soit en ronde bosse, soit en bas-relief ;

2° Des exercices de composition, soit en ronde-bosse, soit en bas-relief ;

3° Des exercices de composition décorative.

Pour les architectes :

1° Des exercices scientifiques ;

2° Des exercices de composition.

Pour les graveurs en taille-douce :

1° Des exercices élémentaires de gravure ;

2° Des exercices de gravure, soit d'après les estampes des maîtres, soit d'après les dessins exécutés par l'élève ;

3° Des figures dessinées d'après la nature et d'après l'antique.

Pour les graveurs en médailles et en pierres fines :

1° Des exercices élémentaires de gravures ;

2° Des exercices de gravure, soit d'après les médailles et les pierres gravées antiques, soit d'après les modèles exécutés par l'élève ;

3° Des figures dessinées ou modelées en bas-relief, d'après la nature et d'après l'antique ;

4° Des exercices de composition en médailles et en camées.

Nota. — L'ordre des études est déterminé par un règlement spécial approuvé par le directeur et le professeur chef d'atelier.

Art. 75. — Un atelier dirigé par un professeur spécial permet aux élèves sculpteurs de se familiariser avec le travail de la pierre et du marbre.

Art. 76. — A la fin de chaque semestre, les professeurs chargés de la direction des ateliers de peinture, de sculpture, de gravure en taille-douce et de gravure en médailles et en pierres fines, font un choix parmi les ouvrages de leurs élèves pendant le semestre.

Ces travaux sont exposés dans l'école et des encouragements peuvent être accordés aux élèves qui ont montré le plus d'aptitude.

Ces encouragements sont distribués, s'il y a lieu, à la suite d'un jugement rendu par le jury en exercice.

Ils consistent, pour chaque atelier, en trois récompenses :

La première d'une valeur de .... 125 fr.

La deuxième d'une valeur de .... 75 —

La troisième d'une valeur de .... 50 —

Art. 77. — A la fin de chaque semestre, le professeur de composition décorative fait un choix parmi les ouvrages des élèves de l'école qui prennent part aux exercices pratiques de son cours.

Ces travaux sont exposés dans l'école et des encouragements peuvent être accordés aux élèves qui ont montré le plus d'aptitude.

Ces encouragements sont distribués, s'il y a lieu, à la suite d'un jugement rendu par un jury composé du professeur de composition décorative et de dix peintres, dix sculpteurs, dix architectes, tirés au sort dans les jurys en exercice.

Ils consistent en trois récompenses :

La première d'une valeur de........................... 125 fr.
La deuxième d'une valeur de....................... 75 —
La troisième d'une valeur de....................... 50 —

Art. 78. — Pour la section d'architecture, la somme représentée par la valeur de ces trois récompenses est attribuée une seule fois, à la fin de l'année scolaire, à l'élève qui a obtenu la grande médaille d'émulation, sous les conditions suivantes :

Le lauréat s'engage à faire une étude sur un monument français dont le choix lui est laissé ; il en exécute le rendu. Ce travail est exposé, chaque année, à la suite des vacances, à l'école des beaux-arts ; il reste la propriété de l'élève.

Le lauréat touche, au moment où le prix lui est décerné, les deux tiers de la somme affectée à cette récompense. Le reste lui est délivré après l'acceptation de son travail.

TITRE IV

FONDATIONS ET LEGS FAITS A L'ÉCOLE DES BEAUX-ARTS.

Première et deuxième sections. — Peinture et Sculpture.

Prix de la tête d'expression fondé par le comte de Caylus.
Prix du torse, fondé par La Tour.

Art. 79. — Les concours de la tête d'expression pour les peintres et pour les sculpteurs et le concours de la demi-figure peinte, dit du Torse, ont lieu chaque année au mois de février. Peuvent seuls prendre part à ces concours les élèves qui, ayant été admis au concours définitif pour le grand prix de Rome, ont exécuté le concours ; les élèves ayant obtenu une première médaille ou deux secondes médailles, dont l'une d'après la nature et l'autre d'après l'antique.

La tête d'expression s'exécute de grandeur naturelle : pour les peintres, sur une toile de vingt-cinq ; pour les sculpteurs, en ronde bosse. Ce concours embrasse trois séances de six heures chacune, non compris le repos du modèle.

Le torse s'exécute sur une toile de quarante, en six séances de sept heures chacune, non compris le repos du modèle.

Pour la tête d'expression, le prix est d'une valeur de 100 francs ; Pour le torse, d'une valeur de 300 francs.

Une première médaille est affectée au prix de la tête d'expression et au prix du torse.

Dans ces deux concours il peut être décerné des mentions.

Les ouvrages qui ont obtenu le prix de la tête d'expression et le prix du torse restent la propriété de l'école.

Prix Huguier.

Art. 80. — Ce prix, institué par Mme veuve Huguier, en exécution des dernières volontés de son mari, feu M. le docteur Huguier, professeur d'anatomie à l'école des beaux-arts, est décerné, chaque année, à la suite d'un concours ouvert aux peintres et aux sculpteurs.

Ce concours supérieur, dont les conditions sont indiquées ci-après, a lieu à la suite du concours d'anatomie, déterminé par l'article 26.

Peuvent seuls concourir pour le prix Huguier les élèves ayant obtenu une distinction dans les concours d'anatomie, à savoir : une médaille ou une mention.

Tout candidat, en se faisant inscrire, doit déposer une ou plusieurs études dessinées ou modelées sur des sujets d'anatomie librement choisis par lui, mais certifiés par son professeur.

Ce concours comporte trois épreuves :

1° Une étude dessinée ou modelée d'après nature. Cette étude s'exécute en douze heures, à raison de deux heures par jour ;

Un dessin d'anatomie fait en loge.

Les candidats ont à représenter en un seul et même dessin, mais avec des crayons de couleurs différentes, l'ostéologie et la myologie d'une région du corps humain indiquée par le professeur.

Les candidats dont les études, déposées préalablement, les figures et les dessins faits en loge, auront été jugés suffisants, seront seuls admis à prendre part à la troisième épreuve, qui comprendra un dessin d'anatomie exécuté au tableau devant le jury, avec des explications orales.

Le concours est jugé par un jury mixte composé du professeur d'anatomie et de dix membres tirés au sort par moitié dans les jurys de peinture et de sculpture en exercice.

Le prix Huguier consiste en une somme de 600 francs. Il a la valeur d'une troisième médaille.

Prix Fortin d'Ivry.

Art. 81. — Le concours supérieur de perspective institué sous le nom de prix Fortin d'Ivry, pour les peintres et les sculpteurs, a lieu, chaque année, à la suite du concours de perspective déterminé par l'article 27.

Peuvent seuls concourir les élèves ayant obtenu une distinction dans le concours de perspective, savoir :

Une médaille ou une mention.

Le concours se divise en deux épreuves successives.

La première, qui est éliminatoire, consiste :

1° En un dessin fait en loge, d'après un motif et sur un programme donné par un professeur ;

2° En un dessin de perspective exécuté d'après nature, en une séance de trois heures, dans l'enceinte de l'école et sous la surveillance de l'administration.

Les concurrents dont les dessins ont été jugés favorablement sont seuls admis à la deuxième épreuve.

Celle-ci consiste en des dessins de perspective exécutés au tableau et en un interrogatoire que subissent les concurrents devant le jury. Ce concours est jugé par un jury mixte composé du professeur de perspective et de dix membres tirés au sort par moitié dans les jurys de peinture et de sculpture en exercice.

Le prix Fortin d'Ivry consiste en une somme de 660 francs. Il a la valeur d'une troisième médaille.

Prix Jauvin d'Attainville.

Art. 82. — Il est institué à l'école, sous la dénomination de prix Jauvin d'Attainville, du nom de leur fondateur, deux concours, l'un de peinture historique, l'autre de paysage, qui ont lieu, chaque année, pendant les mois d'août et de septembre.

1° Prix de peinture historique.

Le concours pour le prix de peinture historique est ouvert à tous les élèves admis à l'école des beaux-arts et en faisant actuellement partie.

Le concours de peinture historique est un concours de peinture décorative. Les sujets proposés aux concurrents seront de nature soit à être peints, soit à être exécutés en tapisserie. Ce seront des motifs de décoration pour des lieux déterminés, tels que salles, escaliers, galeries, etc. Ils pourront être rendus, selon que l'indiquera le programme du concours, en grisaille, en camaïeu ou en couleurs vraies.

Le concours de peinture historique comprend un concours d'essai et un concours définitif.

Le concours d'essai consiste en deux épreuves, à savoir :

1° Une esquisse exécutée en loge en un jour, sur une toile de six ; vingt élèves pourront être admis à la suite de cette épreuve;

2° Une figure peinte, d'après nature, sur une toile de vingt-cinq.

Dix élèves au plus pourront être admis au concours définitif.

Le concours définitif a lieu en loge, du 1er au 30 septembre; le sujet est exécuté sur une toile dont les dimensions sont indiquées par le programme.

Les concurrents peuvent s'entourer de tous documents dont ils jugeront avoir besoin.

2° Paysage.

Le concours pour le paysage est ouvert à tous les artistes âgés de moins de trente ans. Chaque concurrent, en se faisant inscrire, doit présenter des études de paysage exécutées d'après nature avec l'attestation d'un professeur certifiant que ces études sont bien l'ouvrage du concurrent.

Le concours de paysage se divise en concours d'essai et en concours définitif.

Le concours d'essai comprend deux épreuves.

La première consiste en une figure dessinée d'après nature et exécutée en six jours, à raison de deux heures par jour. Vingt élèves peuvent être admis à la suite de cette épreuve.

La seconde épreuve est une esquisse de paysage exécutée en loge, en un jour, sur une toile de six.

Sont exempts de la figure dessinée d'après nature :

1° Les élèves qui ont été admis en loge pour le concours du grand prix de peinture;

2° Les élèves qui ont obtenu une médaille à l'école des beaux-arts, soit d'après nature, soit d'après l'antique ;

3° Les élèves qui ont été admis, avec le titre de premier, au concours des places de l'école des beaux-arts.

Le nombre des concurrents admis au concours définitif n'excédera pas dix.

Le concours définitif a lieu en loge, du 1er au 30 septembre.

Le tableau, peint sur une toile de 1m,02 sur 0m,82, comportera obligatoirement l'introduction de la figure humaine. Les concurrents pourront s'entourer de tous les documents dont ils jugeront avoir besoin.

Chacun des prix Jauvin d'Attainville est d'une valeur de 2,100 francs.

Dispositions communes aux deux concours.

Les sujets des concours d'essai et des concours définitifs pour les prix Jauvin d'Attainville sont donnés par le conseil supérieur de l'école.

Les concours Jauvin d'Attainville sont jugés par les jurys en exercice.

Les jugements sont rendus au mois d'octobre.

Le prix de peinture historique a la valeur d'une première médaille.

Il peut être accordé des mentions.

Le prix de paysage a la valeur d'une seconde médaille.

Il peut être accordé également des mentions.

Les tableaux qui ont obtenu les prix de Jauvin d'Attainville restent la propriété de l'école.

Prix Lemaire.

Art. 83. — Il est institué à l'école, sous la dénomination de prix Lemaire, du nom de son fondateur, H. Lemaire, membre de l'Institut, professeur à l'école des beaux-arts, un prix d'ajustement.

Ce prix est attribué à l'élève sculpteur qui aura obtenu la deuxième médaille dans le concours de composition du second trimestre de l'année scolaire.

Il a une valeur de 700 francs et peut être cumulé.

Troisième section. — Architecture.

Prix Muller-Sœhnée.

Art. 84. — Il est attribué à l'élève architecte de la seconde classe qui a remporté le plus grand nombre de valeurs dans les différentes épreuves de l'année un prix dit prix Muller-Sœhnée, du nom de son fondateur.

Ce prix consiste dans une somme de 539 francs.

La somme des valeurs s'établit d'après les cotes fixées au titre V, en ne tenant compte que d'une seule récompense obtenue en dessin ornemental, ornement modelé, dessin de figure, composition décorative.

En cas d'égalité, les valeurs obtenues en architecture l'emportent.

Prix Jay.

Art. 85. — Ce prix, institué par le fils et le petit-fils de feu M. Jay, professeur de construction à l'école des beaux-arts, en exécution de ses dernières volontés, est affecté à l'élève de seconde classe qui a obtenu le premier rang dans le concours de construction.

Ce prix consiste dans une somme de 700 francs.

Prix Jean Leclaire.

Art. 86. — Par suite des dispositions testamentaires de M. Jean Leclaire, il a été institué par l'Académie des beaux-arts un prix annuel en faveur de l'élève qui, passant de la seconde classe dans la première, aura mis le moins de temps à remplir toutes les conditions imposées à cet effet par le règlement.

En cas d'égalité de temps, le prix est attribué à l'élève ayant obtenu le plus grand nombre de valeurs, dans l'ordre suivant :

1° Sur projets rendus d'architecture ;
2° Sur esquisses d'architecture ;
3° Sur concours de construction.

Ce prix consiste en une somme de 500 francs.

PREMIÈRE CLASSE.

Prix Rougevin.

Art. 87. — Le prix d'ornement et d'ajustement, institué par Auguste Rougevin, architecte, en mémoire de son fils feu Auguste Rougevin, élève de l'école des beaux-arts, consiste en deux sommes, l'une de 600 francs, l'autre de 400 francs, qui sont attribuées aux élèves classés les deux premiers dans le concours d'ornement et d'ajustement mentionné à l'article 56, sous la réserve que chacun de ces prix ne peut être obtenu qu'une fois.

Prix Jean Leclaire.

Art. 88. — Par suite des dispositions testamentaires de M. Jean Leclaire, il a été institué par l'Académie des beaux-arts un prix annuel en faveur de l'élève de première classe qui a obtenu la grande médaille d'émulation.

Ce prix consiste en une somme de 500 francs.

Prix de la Société centrale des architectes.

Art. 89. — Ce prix, institué par la Société centrale des architectes, et qui consiste dans la grande médaille de cette société, est décerné annuellement à l'élève architecte de première classe ayant obtenu, pendant les trois dernières années, le plus grand nombre de valeurs, en médailles seulement, dans les concours sur projets rendus.

En cas d'égalité de valeurs, il est décerné plusieurs médailles.

Prix Abel Blouet.

Art. 90. — Ce prix a été institué par Mᵐᵉ veuve Blouet, en exécution des dernières volontés de son mari, feu Abel Blouet, architecte, membre de l'Institut, professeur à l'école des beaux-arts.

Il consiste en une somme de 947 francs, attribuée, chaque année, à l'élève de première classe qui a obtenu le plus de valeurs depuis son entrée à l'école. Dans cette estimation, les valeurs acquises en seconde classe ne comptent que pour le tiers de leur total, sauf celles relatives aux concours communs entre la première et la seconde classe qui sont évaluées comme en première classe.

Prix Edmond Labarre.

Art. 91. — Ce prix, institué par M. et Mme Labarre, en souvenir de leur fils, feu Edmond Labarre, élève de l'école des beaux-arts, consiste en une somme de 200 francs.

Il est décerné à la suite d'un concours entre les élèves de la première et de la seconde classe.

Ce concours, qui n'a pas lieu en loge, consiste en une grande composition sur esquisse, qui doit être exécutée dans un délai de trois jours.

Le programme en est donné par une commission composée des professeurs d'architecture de l'école.

Ce concours est jugé par le jury d'architecture en exercice.

Le prix peut être cumulé.

Prix Godebœuf.

Art. 92. — Ce prix, institué par Mme Lecou, en mémoire de son frère feu Godebœuf, architecte, a une valeur de 740 francs.

Il est décerné à la suite d'un concours auquel les élèves de la première classe d'architecture sont seuls admis à prendre part.

Ce concours, dont le sujet est donné par les professeurs architectes de l'école réunis en comité, et dont les épreuves sont jugées par le jury d'architecture en exercice, consiste en l'étude, développée comme pour l'exécution, avec détails et profils, d'une œuvre architecturale de nature spéciale, telle que serrurerie, plomberie, marbrerie, etc.

Les projets sont exécutés dans les ateliers, en quinze jours, d'après les esquisses faites en loge, en douze heures.

Les récompenses consistent en premières médailles, en deuxièmes médailles et en premières mentions. Elles peuvent être cumulées.

Le prix est attribué à l'élève placé le premier dans le classement des premières médailles, parmi ceux qui ne l'ont pas encore obtenu.

TITRE V

ÉVALUATION EN POINTS OU VALEUR DES RÉCOMPENSES OBTENUES DANS LES CONCOURS.

Sections de peinture et de sculpture.

	Valeurs.
ART. 93. — Premier second grand prix de Rome.............	4
Deuxième second grand prix.............................	3
Mention au grand prix..................................	2
Admission en loge, pourvu que le concours ait été fait.........	2

Nota. — Ces deux valeurs s'ajoutent aux précédentes.

Première médaille......................................	3
Seconde médaille......................................	2
Troisième médaille....................................	1
Mention...	1/2
Mention au concours semestriel, au concours de torse, au concours de la tête d'expression et au concours Jauvin d'Attainville (peinture historique).............................	1
Mention au concours Jauvin d'Attainville (paysage)...........	1/2

Section d'architecture.

ART. 94. — Valeur des récompenses en seconde classe.

En seconde classe, les récompenses sont estimées comme il suit :

Premier second grand prix de Rome.......................	4
Deuxième second grand prix.............................	3
Mention au grand prix..................................	2
Admission en loge, pourvu que le concours ait été fait.	

Nota. — Ces deux valeurs s'ajoutent aux précédentes.

Médaille spéciale (troisième médaille).....................	3
Première mention.......................................	2
Deuxième mention......................................	1

Construction :	
Première médaille......................................	5
Deuxième médaille.....................................	4
Troisième médaille.....................................	3
Mention...	2

Dessin d'ornement, dessin de figure, ornement modelé, composition décorative :	
Première médaille......................................	3

Deuxième médaille.. 2
Mention.. 1

Valeur des récompenses en première classe :

En première classe, les récompenses sont estimées comme il suit :

Premier second grand prix.................................. 4
Deuxième second grand prix................................ 3
Mention au grand prix..................................... 2
Admission en loge, pourvu que le sujet du concours ait été fait. 2

Nota. — Ces deux valeurs s'ajoutent aux précédentes.

Première médaille.. 3
Seconde médaille.. 2
Première mention sur rendu et esquisse.................... 1
Deuxième mention sur esquisse............................ 1/2

Figure dessinée, ornement modelé, composition décorative :

Première médaille.. 3
Deuxième médaille... 2
Mention... 1

TITRE VI

COLLECTIONS ET BIBLIOTHÈQUE.

Art. 95. — Les collections de l'école des beaux-arts comprennent :

1° Un musée de plâtres moulés sur les chefs-d'œuvre de l'antiquité, du moyen âge et de la renaissance ;

2° Un musée de copies exécutées d'après les œuvres des grands maîtres ;

3° Les ouvrages qui ont obtenu le grand prix de Rome, le prix de demi-figure peinte, de la tête d'expression, les prix Jauvin d'Attainville, une récompense importante dans les concours de peinture, de sculpture ou d'architecture ;

4° Une réunion de pièces diverses et de dessins devant servir à la démonstration dans les cours d'anatomie, de géométrie descriptive, de stéréotomie, de physique, de chimie et de construction ;

5° Des objets d'art donnés ou légués à l'école.

Ces collections, ouvertes pendant la semaine aux élèves de l'école et aux personnes ayant obtenu de l'administration des cartes spéciales d'admission, sont publiques le dimanche de midi à quatre heures.

Les demandes de cartes d'études doivent être adressées au directeur.

La bibliothèque est ouverte aux élèves, aux jours et heures fixés par l'administration.

Les personnes étrangères à l'école sont admises à travailler à la bibliothèque, sans permission spéciale, la première fois qu'elles s'y présentent. Si elles veulent continuer à la fréquenter, elles devront obtenir une carte spéciale d'admission.

TITRE VII

DISTRIBUTION DES RÉCOMPENSES ET VACANCES.

Art. 96. — La distribution des récompenses a lieu tous les ans au commencement de la nouvelle année scolaire.

Art. 97. — Il y a vacances à l'école du 1er août au 15 octobre.

Pendant les vacances, deux salles peuvent être mises à la disposition des élèves peintres et sculpteurs qui désirent continuer à travailler.

Il est donné, pendant ce temps, des projets à rendre aux élèves architectes de la seconde et de la première classe.

Art. 98. — Les élèves faisant actuellement partie des ateliers y restent provisoirement inscrits. Mais, pour s'y maintenir, ils seront tenus de satisfaire, dans le délai de six mois, aux conditions d'admission indiquées par l'article 69.

Ils seront également obligés de satisfaire à la condition imposée par l'article 72, dans le délai de deux ans à partir de la mise en vigueur du présent règlement.

Paris, le 5 octobre 1883.

JULES FERRY.

Paris. — Typ. A. Quantin, 7, rue Saint-Benoît.

Quantin imprimeur
S. Benoit — 7 à Paris

www.ingramcontent.com/pod-product-compliance
Lightning Source LLC
Chambersburg PA
CBHW060800280326
41934CB00010B/2517